山田方谷述素読用古本大学

はじめに

この冊子は、山田方谷が明治に入り実際に講義した古本大学の筆録を、素読しやすいようにしたものです。内容は王陽明撰の序文と礼記から直接引いたままの古本大学の二つからなっています。

山田方谷は、幕末困窮の極みにあった備中松山藩（現岡山県高梁市）の十万両の借財を七年間で十万両の余財にするなど、藩政革新や人材育成で成果を上げ続けた人です。それには本（もと）と過程（プロセス）があったはず。現岡山県高梁市中井町西方の農商家に生まれ、三十二歳で藩校学頭、四十五歳で元締役兼吟味役を拝命し、藩政革新に取り組みました。それから、次々とイノベーションと人材育成登用を進め、成果を上げ続けたのです。その本となったと考えられるのがこの古本大学です。現在及びこれからの不確実な時代、様々な問題解決に実用応用し、みんなで豊かで幸せな生活と仕事をしていきたいものです。

そのためには、何をどのようにすればいいのでしょうか。

『伝習録、中』に学びの極意を説いた文があります。その要点をまとめると

・数少なくても書をじっくり学び、実用応用できるようにすることが重要。

・素読は、集中し口で読み、心で考え、一字一句もおろそかにせず、意味を繰り返し尋ねる。

・声の調子に抑揚をつけ、気分をゆったりさせる。

そうすると、書物に書かれた道理は体中に行き渡り、知恵は身につく、とあります。

様々なことを学び、身につけ、できなかったことができるようになるには、こういう方法があることを先賢は言い残してくれています。ただ言葉や理屈だけを理解することに終わるのではなく、自ら根っこの本の意味を考え体得し、現状の問題にあてはめ実用応用していくことが大切だということです。

最近の脳研究で、意志決定つまり決断プロセスの研究が発表されています。運動に至る前に脳波は既に高まるが、それは何なのか、何が引き上げたのか、という研究です。かつては、運動三秒前くらいに自由意志が決断し徐々に意欲が高まって運動に至ると考えられていたそうです。が、今は、決断三秒前くらいから無意識の働きにより脳波が高まっていき、決断運動に至ることがわかってきました。本人の意識とか自覚とか無関係に神経活動が上がってきてある一定の大きさ閾値を超えると運動しようとする意志が半ば勝手に自然に発生してしまって、それに応じて運動がおきるということです。つまり、自由意志をもって決断する前から脳は独自に活動を始めているというのです。

ということは、人間の決断には、無意識つまり潜在意識が大きく関わっているということかもしれません。ある科学者はその無意識の役割を九十%くらいとして、意識をたったの十%くらいとしています。そこで、その無意識潜在意識に働きかけそこを変える営みはないのでしょうか。独断としてあると思います。

その一つに、口で読み心で考え意味を尋ねる素読があると思います。それで潜在意識の中にものの見方考え方生き方の引き出しを作っておくのです。毎日少しずつでも意味ある素読をすることで可能になると考えます。不確実時代の問題解決には、方谷が成果を上げ続ける「本」となり実用応用につながった古本大学の素読は大変有効だと考えます。

二つ目には、生活リズムや挨拶等々の毎日の生活に必要な洒掃（さいそう）応対進退の習慣化です。幼少期の子供には大人の後ろ姿の感化で、物心つくころからは自身と周りの取組で習慣化し無意識のうちの行動は可能だと考えます。が、心の本体の仁、恕、誠意などの潜在意識からの決断には、幼少期の愛着形成や環境、自らの学によるところ大だと考えます。

三つ目には、この古本大学の要旨そのものですが、誠意を本とする自らの省察と創造・革新です。一つ目で蓄積した潜在意識や新たに自得された知識をポジティブに捉え、合理的に創造的に省察するのです。すると、序文にあるように「意が誠なら条理は立つ」如く、誠意が純粋ならなんとか問題解決したい、との念強くなり自然に試行錯誤を生み論理的思考力、発想の拡散思考力等思考力や、結果・プロセスの評価、メタ認知等の評価力の潜在能力が自然に身に付き道理に適った問題解決力がいつの間にか身に付くと考えます。

この『山田方谷述素読用古本大学』は、自分自身の必要性から著しました。それを皆様と共有し意味ある素読を習慣化し「本」となる潜在意識及びその能力の引き出しをつくり成長していきたいと思います。

なお、章句に算数字がふってあるのは、方谷の詳しい説明に照らせるよう拙著『どう生きるか、山田方谷の生き方と『古本大學』に学ぶ』、『山田方谷述『古本大學』』の章句番号に合わせているからです。ただ、この度は、わかりやすく読みやすくするため、漢字や読みは基本的に新字、新かなにしています。また、素読用なのに漢文を載せているのは、読み下し文の意味の深慮を知るためです。例えば、序の1章句の「誠意のみ」は漢文では「誠意而已矣」と記してあり、漢字三文字を使い強意を更に強調している点を必要に応じ知るためです。皆様のお導きをお願いします。

目次

目　次

古本大学序

第一章　大学のあらまし

1　大学の要点は意のおこるところを誠にすることだ。

2　誠意の仕事は物を格（ただ）すことであり自然なり良知良心なりにしていくことだ。

3　誠意本体の極は太虚より自然なりに来るに従い動かないこと。その止至善の基準は良知なりに自然なりに事を仕遂げた（致は格物）かどうかだ。

1　大学之要誠意而已矣。

大学の要は誠意のみ。

2　誠意之功格物而已矣。

誠意の功は格物のみ。

3　誠意之極止㆓至善㆒而已矣。止㆓至善㆒之則致知而已矣。

誠意の極は至善に止まるのみ。至善に止まるの則は致知のみ。

4　正心とは心の本体に立ち返ることで私利に落ちないこと。修身とはその身の仕事を目に見えるように明らかにすること。

5　至善を己に言えば明徳といい、己以外に言えば親民（万物一体）という。また、天地の間の一大元気は活溌溌地と流動して止まずその大気が凝結し形なし万物となり名生ず。形に落ちれば形に拘泥し小となり、無形なら陰陽造化の妙で万物多くの種類がその中に備わっている。

4　正心復二其体一也。修身著二其用一也。

正心は其の体に復るなり。修身は其の用に著すなり。

5　以言二乎己一謂二之明徳一、以言二乎人一謂二之親民一。以言レ乎二天地之間一則備矣

以て己に言えば之を明徳と謂い、以て人に言えば之を親民と謂う。以て天地の間に言えば則ち備われり。

第二章　大学の主意

6　故に至善は心の本体。心が物に触れ意念を発し動いて後不善ある。だから、本体の知が不善を知らぬはずはない。

7　意とは本体の発動。物とは本体が発動して為す事。その本体太虚の知が知った通りを推し致すと不善は消滅し、動いて善とならないわけはない。しかし、心に感じ触れ来る事物に就いて定木と違わないよう格し正しくするのでなければ、良知を致すとはならない。

6　是故至善也者心之本体也。動而後有二不善一。而本体之知未二曾不一レ知也。

是の故に至善なる者は心の本体なり。動きて後に不善有り。而して本体の知未だ曾て知らずんばあらざるなり。

7　意者其動也。物者其事也。致二其本体之知一而動無二不善一。然非下即二其事一而格上レ之、則亦無三以致二其知一。

意は其の動なり。物は其の事なり。其の本体の知を致して動は

8　だから、致知は誠意の本源。物格し正しくするという格物は致知の実際の仕事。物格し正しくして、即ち知を致して意を誠にするは、その本体に復ることだ。これを至善に止まるという。

致知格物と誠意の二つ合わせて一つの物。致知は意念を誠実にする本で、事物を格正する格物は致知の実際の仕事、実。物を格正すれば本体の知は直に致し、その知を致せば意は直に誠になり一身の私は消滅する。

不善無し。然るに其の事に即いて之を格すに非ず、則ち亦以て其の知を致す無し。

8　故致知者誠意之本也。格物者致知之実也。物格則知致意誠而有以復其本体。是之謂止至善。

故に致知は誠意の本なり。格物は致知の実なり。物格して則ち知を致して意を誠にするは以て其の本体に復る有り。是れを之れ至善に止まると謂う。

第三章　なぜ古本大学へ復るのか

9　聖人は、人々がこの至善を本体に求めず外の事物に求めることを恐れ、その教えを丁寧に詳しく説明した。が、（朱子で）古本が分割され聖人の意図が失われてしまった。

10　このように、誠意に務めず、格物のみするのを支（えだ）という。

9　聖人懼㆔人之求㆓之於㆒㆑外也。而反㆓覆其辭㆒。旧本析而聖人之意亡矣。

聖人（せいじん）は人（ひと）の之（これ）を外（そと）に求（もと）むるを懼（おそ）れて、其（そ）の辭（じ）を反覆（はんぷく）す。旧本（きゅうほん）析（わ）けて聖人（せいじん）の意（い）亡（うしな）う。

10　是故不㆑務㆓於㆑誠㆒㆑意。而徒以格㆑物者謂㆓之支㆒。

是（こ）の故（ゆえ）に意（い）を誠（まこと）にするに務（つと）めず、徒（いたずら）に以（もっ）て物（もの）を格（ただ）すは之（これ）を支（し）と

11　格物せずに誠意のみをするのを虚（むなしい）という。

12　（ここは格物誠意の工夫で事足るようだが、致知がなければならないことを明らかにする）万物一体の知を致すことに本づかず、一身一国の知覚以てすれば、誠意格物も私意私物となる。これを妄（でたらめ）という。

13　支と虚と妄は、至善からは遠ざかり偏った処に落ちる。（故に聖人は辞を反覆丁寧に精しく言われた）

謂う。

11　不レ事二於格一レ物而徒以誠レ意者謂二之虚一。

物を格すを事とせず徒に以て意を誠にするは之を虚と謂う。

12　不レ本二於致一レ知而徒以格レ物誠レ意者謂二之妄一。

知を致すに本づかず、徒に以て物を格し意を誠にするは之を妄と謂う。

13　支與レ虚與レ妄、其於二至善一也遠矣。

支と虚と妄、其れは至善においては遠なり。

14　（朱子は）これに居敬（慎み深くする）を合わせて、格物補伝を補足し益々本旨から離れていった。

15　私は日に日に学問が至善から遠ざかるのを恐れる。（朱子が）経と伝に分けて章句を立てたのを止め、孔子の古本に復り、傍らに解釈を施しその意義を広げ興味持って読まれるようにする。

16　古本に復り聖人の心が現れるようにしたので、どうか、学者が、肝心の要点を見いだしてほしい。

14　合レ之以レ敬而益綴。補レ之以レ伝而益離。

之を合わせて敬を以て益々綴け、之を補って伝を以て益々離れる。

15　吾懼二学之日、遠一レ於二至善一也。去二分章一而復二旧本一、傍為二之釈一以引二其義一。

吾は学の日々に至善に遠ざかるを懼れる。分章を去れて旧本に復り傍らに之の釈を為し以て其の義を引く。

16　庶幾復見二聖人之心一、而求レ之者有二其要一。

庶幾し復りて聖人の心を見り、之を求めるは其の要を有す。

第四章　むすび

17　ああ、良知を致すの説は、我が心が自ら悟るのみだから、言葉で言い表せないものだなあ。自ら覚え悟る所あれば大人の学はここにきわまってほかに何もない。

17　噫乃若レ致レ知、則存二乎心悟一。致レ知焉尽矣。

噫（ああ）乃（すなわ）ち知（ち）を致（いた）す若（ごと）きは、則（すなわ）ち心悟（しんご）に存（そん）し、知（ち）を致（いた）して焉（なに）をか尽（つ）くさんか。

古本大学

第一章　古本大学の概要

三綱領・致知格物・六条目

1　大人となる学問の方法は、借り物でなく自分のものとして自由自在に使える徳を身に着けることだ。そのためには自分に誠を尽くすこと即ち修養することだ。

2　人々と心通じ合い親しみ誠を尽くすことだ。すると、心新たにみんな生き生きとし生活も仕事も生き生きとしてくる。

1　大学之道。在レ明ニ明徳一。

大学の道は明徳を明らかにするに在り。

2　在レ親レ民。

民に親しむに在り。

3　明明徳、親民に止まり動かないことだ。

4　この至善に止まる場所（例えば父なら慈、子なら孝）を知ると、意が定まり迷わない。迷わなければ静かになり心が落ち着き安らぐ。するとよい考えができて実践し成果を得ることができる。定静安慮の四つが、知と得の橋渡しで、致知の「致」にあたる。

5　物には天下、国、家、身、心、意がある。「本」は樹木の根で、生長するに従い枝葉が生じる。これが「末」。だから、六つの物には本末がある。その物の仕事にも本末である終始がある。例えば平天下の平は仕事。手を下すべき順序を知れば、大人となる道に近いといえる。これが致

3　在㆑止㆓於至善㆒。

至善（しぜん）に止（とど）まるに在（あ）り。

4　知㆑止而后有㆑定。定而后能静。静而后能安。安而后能慮。慮而后能得。

止（とど）まるを知（し）りて后定（のちさだ）まる有（あ）り。定（さだ）まりて后能（のちよ）く静（しず）かなり。静（しず）かにして后能（のちよ）く安（やす）し。安（やす）くして后能（のちよ）く慮（おもんばか）る。慮（おもんばか）りて后能（のちよ）く得（う）。

5　物有㆓本末㆒。事有㆓終始㆒。知㆑所㆓先後㆒則近㆑道矣。

物（もの）に本末有（ほんまつあ）り。事（こと）に終始有（しゅうしあ）り。先後（せんご）する所（ところ）を知（し）れば則（すなわ）ち道（みち）に近（ちか）し。

知格物。

6　古の明徳を天下に明らかにしようとした人は、まず国を治めた。そのために家斉えた。それを欲し身を修め、心正した。心の中には意があり、意は心の働き出る処で人間感応の本。人間常に感じつめていて死か眠っている時以外は感応せずにはいられない。だから、心を正しくしようとすると、まず意を誠にしないわけにはいかない。誠とは明明徳の根本で工夫努力するところで、「自ら欺かない」こと。だから、知を致さざるを得ない。知とは物を知り弁えること、致すは定静安慮の場に致り格物し成果を得ること。

6　古之欲レ明三明徳於二天下一者、先治二其国一。欲レ治二其国一者、先斉二其家一。欲レ斉二其家一者、先修二其身一。欲レ修二其身一者、先正二其心一。欲レ正二其心一者、先誠二其意一。欲レ誠二其意一者、先致二其知一。致レ知在レ格レ物。

古(いにしえ)の明徳(めいとく)を天下(てんか)に明(あき)らかにせんと欲(ほっ)する者(もの)は、先(ま)ず其(そ)の国(くに)を治(おさ)む。其(そ)の国(くに)を治(おさ)めんと欲(ほっ)する者(もの)は、先(ま)ず其(そ)の家(いえ)を斉(ととの)う。其(そ)の家(いえ)を斉(ととの)えんと欲(ほっ)する者(もの)は、先(ま)ず其(そ)の身(み)を修(おさ)む。其(そ)の身(み)を修(おさ)めんと欲(ほっ)する者(もの)は、先(ま)ず其(そ)の心(こころ)を正(ただ)しうす。其(そ)の心(こころ)を正(ただ)しうせんと欲(ほっ)する者(もの)は、先(ま)ず其(そ)の意(い)を誠(まこと)にす。其(そ)の意(い)を誠(まこと)にせんと欲(ほっ)する者は、先ず其の知を致す。知を致すは物を格すに在り。

7 物格而后知至。知至而后意誠。意誠而后心正。心正而后身修。身修而后家斉。家斉而后国治。国治而后天下平。

物格して后知至る。知至りて后意誠なり。意誠にして后心正し。心正しくして后身修まる。身修まりて后家斉う。家斉いて后国治まる。国治まりて后天下平らかなり。

8 自二天子一以至二於庶人一、壹是皆以レ修レ身為レ本。其本乱而末治者否矣。其所レ厚者薄、而其所レ薄者厚未二之有一也。此謂レ知レ本。此謂二知之至一也。

7 物格し知至りて意誠になり、心正しく、身修まる。そうすると家斉い、国治まり、天下平らかになる。6は逆条目でここは順条目。我が明徳を明らかにすることは、遂には平天下となり、我と天下は一体となる。身と天下は一物にして二物。二物にして一物。意が一寸進めば心身家国天下も一寸進む。後が進んで前が進まない理はなく、前が止まっているのに後ろを進めることはない。

8 天子から庶民まで身を修めることが本。（元来誠意が本だが、明徳親民に分けると明徳が修身で本、親民が末の平天下となる）

その本乱れて末が治まること

はない。家厚くすべきをおろそかにして、薄くする国天下を治めたものはこれまでに例がない。これを本を知るという。これで良知を致すが出来上がる。（「本を知る」を「物を格す」と書けば分かりやすい。けれども格物は致知に添うものだから、その意は「本」に備わっている格物の字面は出していない）

天子より以て庶人に至るまで、壱に是れ皆身を修めるを以て本と為す。其の本乱れて末治まる者は否ず。其の厚くする所の者薄くして其の薄くする所の者厚くするは未だ之有らざるなり。此れを本を知ると謂う。此れを知の至りと謂う。

第二章　誠　意

一、誠意とは

9　所謂誠㆓其意㆒者毋㆓自欺㆒也。如㆑悪㆓悪臭㆒、如㆑好㆓好色㆒、此之謂㆓自謙㆒。故君子必慎㆓其独㆒也。

所謂(いわゆる)其(そ)の意(い)を誠(まこと)にするとは、自(みずか)ら欺(あざむ)く毋(な)きなり。悪臭(あくしゅう)を悪(にく)むが如(ごと)く、好色(こうしょく)を好(この)むが如(ごと)く、此(これ)を之(こ)れ自(みずか)ら謙(こころよ)くすと謂(い)う。故(ゆえ)に君子(くんし)は必(かなら)ず其(そ)の独(ひとり)を慎(つつし)むなり。

9　（ここは大学の最重要点で、六条目は修身が主意だが、その修身を分けると誠意が主意。ただ、大学は治国平天下を大主意とし、誠意を根本とするもの）

意を誠にするとは、自分を欺かないことで、自然なり良知良心なりに感応する意を曲げないこと。誰もが生まれつきそうだが、悪臭を嫌い、美を好むようにすること。これを自ら謙くするという。だから、君子は必ず意の動く一念の処を慎む（学問するところはここ）。

つまり、自分からしたいと思ってできれば面白いし、善くないと思うことをすると気持ち悪いからしないなどをいう。また、しなければならないことをそのままにしておくと心地悪いのですするのもこのことだ。

10　小人閑居為㆓不善㆒、無㆑所㆑不㆑至。見㆓君子㆒而后厭然揜㆓其不善㆒、而著㆓其善㆒。人之視㆑己、如㆑見㆓其肺肝㆒然。則何益矣。此謂㆘誠㆓於中㆒形㆗於外㆖。故君子必慎㆓其独㆒也。

小人閑居して不善を為し、至らざる処無し。君子を見て后厭然として其の不善を揜いて其の善を著す。人の己を見ること、其の肺肝を見るが如く然り。則ち何の益かあらん。此れを中に誠あれば外に形わると謂う。故に君子は必ず独を慎むなり。

10　（君子は独を慎むが小人は慎むことができない）自分一人の「私」に落ちた小人は、人と交わらない時、外を巧言で飾らず不善を思うままに為す。でも、君子の顔を見ると不善を覆い隠し善を顕し君子に見せる。しかし、君子は、肺や肝臓まで見えるようにお見通しなのでなんの役にもたたない。これを、中に誠あれば外に形われるという。だから、君子は独を慎む。

11　曽子いう、（小人が）悪をおおい隠せても十人が十人悪人だといえば、これほど厳しいものはない、と。富が屋を潤すように誠意を積み重ね我物として得た徳は、身を潤し輝かす。心が万人に恥じるところない身体はゆったりしている。だから、君子は意を誠にする。（ここまで誠意の工夫努力について述べた。最も大事なので次に詩で補説）

12　（誠意の工夫について上文でいいつくしたが、詩を二編引用し言い尽くす）詩にいう、淇川の隈（くま）を見上げれば、若竹が美しい。その若竹のようにあやある君子（武公）は、角（つ

11　曽子曰、十目所レ視、十手所レ指、其厳乎。富潤レ屋、徳潤レ身、心広体胖。故君子必誠二其意一。

曽子曰く、十目の視る所、十手の指さす所、其れ厳なる乎と。富は屋を潤し、徳は身を潤す。心広く体胖かなり。故に君子は必ず其の意を誠にす。

12　詩云、瞻二彼淇澳一、菉竹猗猗。有レ斐君子、如レ切如レ磋、如レ琢如レ磨。瑟兮僩兮、赫兮喧兮。有レ斐君子、終不可レ諼兮。如レ切如レ磋者道レ学也。如レ琢如レ磨者自修也。瑟兮僩兮者恂慄也。赫兮喧兮者威儀也。有レ斐君子、終不レ可レ諠者、道二盛徳至善、民之不一レ能レ忘也。

の）細工で、角を切りやすりを掛けて美しくするように、また、玉細工で、のみで形をととのえ砥石で磨き美しくするようにして、慎み深く威儀ある有斐の君となった。だから、広く徳が行き届き、人々はその徳を忘れられないのだ。

切磋とは学のこと。琢磨とは自ら身を修めること。瑟僩とは恂慄で慎独のこと、赫喧とは威儀で心広体胖にあたる。あやある君子はいつまでも忘れられないとは、明徳が心身家国天下に広く行き届き一点の欠けた所もないので、国民はその徳を忘れることができない、ということ。

詩[A]に云わく、彼の淇の澳を瞻れば、菉竹猗猗たり。斐たる有る君子は、切するが如く磋するが如く、琢するが如く磨するが如し。瑟[B]たり僩[C]たり、赫[D]たり喧[E]たり。斐たる有る君子は、終に諠る可からず、と。

A　詩：五経の詩経。孔子の編とも言われている。詩三一一編を国風、雅、頌の三部に大別。国風は諸国の民謡。雅は周の宮廷で奏せられた饗宴や儀式の歌。頌は宗廟の祭祀に用いられた歌。この詩は、その詩経の国風の衛風の淇澳篇。

B　瑟：おごそかなさま。きびしいさま。

C　僩：美しいさま。みやびやかなさま。

D　赫：かがやく。あきらか。あらわれる。

E　喧：盛大なさま。きわだって現れるさま。かまびすしい。

切するが如く磋するが如くとは、学を道うなり。琢するが如く磨するが如くとは、自ら修むるなり。瑟たり僩たりとは、恂慄[F]なり。赫たり喧たりとは、威儀なり。斐たる有る君子は、終に諼る可からずとは、盛徳至善にして民の忘る能わざるを道うなり。

13　詩云、於戲、前王不忘。君子賢二其賢一而親二其親一、小人楽二其楽一而利二其利一。此以没レ世不レ忘也。

13　詩にいう、ああ、前王（文王）が忘れられない、と。なぜなら、君子の位は、前王が選び用いた賢人がなることが繰り返され、その時の賢王は尊敬されているから。また、民に親しみ親愛するので、太平の世は続いている。こうなると、民は太平の世を楽

F　恂慄：つつしみ身がふるえること。前述の慎独にあたる。

郵便はがき

恐縮ですが郵便切手をお貼り下さい

1670052

杉並区南荻窪一―二五―三

明徳出版社 行

ふりがな 芳　名		年齢　　歳
住　所 〒		
メール アドレス		
職　業	電　話　（　　　）	
お買い求めの書店名	このカードを前に出したことがありますか はじめて　（　　）回目	

愛読者カード

ご購読ありがとうございます。このカードは永く保存して、新刊案内のご連絡を申し上げますので、何卒ご記入の上ご投函ください。

書　名

この本の内容についてのご意見、ご感想をお書きください。

紹 介 欄　本書をお薦めしたい方をご紹介ください。ご案内を差し上げます。

「明徳出版社図書目録」を御希望の方に送呈します。

□ 希望する　　□ 希望しない

Eメールでもご依頼いただけます。

メールアドレス：info@meitokushuppan.co.jp

携帯・スマートフォンからもご購入いただけます。

※個人情報の取り扱いについて
お客様からいただいた芳名、住所、電話番号、メールアドレスなどの個人情報は、小社からの新刊案内等の送付以外の目的には使用いたしません。

しみ楽を受ける。商人は交易を営み、農民は耕し、職人は作り、生き生き働き利益を利益として受ける。だから、前王が世を去っても、そのおかげを忘れることができないのだ。（誠意が大学の大根本で平天下にまで至らなければならない）

詩[G]に云わく、於戯、前王忘れられず、と。君子は其の賢を賢として其の親に親しみ、小人は其の楽しみを楽しみて其の利を利とす。此を以て世を没するも忘れられざるなり。

G　詩：詩経周頌烈文から引用。

二、三綱領の証拠

14 （ここより三綱領の証拠、明明徳の証）書経康誥篇の周公の言にいう、国を治めるには先ず我身を修めることだ、と。大甲篇の伊尹の言にいう、天子の位にいて天命に背かないよう振り返りよく視ることだ、と。堯典篇にいう、堯帝は、自ら努力工夫して広大な徳を明らかにした、と。このように、文王、湯王、堯帝などは皆、自ら切磋琢磨して徳を明らかにした。工夫努力した。（外から強いられ得るものでなく）

15 （親民の証）殷の湯王は、盤

14 康誥曰、克明レ徳。大甲曰、顧ニ諟天之明命一。帝典曰、克明ニ峻徳一。皆自明也。

康誥に曰く、克く徳を明らかにす、と。大甲に曰く、諟の天の明命を顧みる、と。帝典に曰く、克く峻徳を明らかにす、と。皆自ら明らかにするなり。

15 湯之盤銘曰、苟日新、日日新、又日新。康誥曰、作ニ新民一。詩曰、周雖ニ旧邦一、其命維新。是故君子無レ所レ不レ用ニ其極一。

に「まことに日に新た」と彫り、日々徳を新たにしていた、と。康誥篇にいう、民が気を奮い起こし、生き生き盛んになるようにした、と。詩にいう、周は旧い邦だが、文王武王に至り、その徳が明らかになったので天命を受け遂に天下を保ち、その天命は切り変わって新たになった、と。このように、君子の位にあった湯王・文王・武王・康叔は誠意の極を用いたので明徳の功が新民に至り、それが平天下に広まった。

湯の盤の銘に曰く、苟に日に新たに、日々に新たに、又日に新たなり、と。康誥に曰く、民を作新す、と。詩[H]に曰く、周は旧邦なりと雖も、其の命維れ新たなり、と。

是の故に君子は其の極を用いざる所無し。

16　詩云、邦畿千里、維民所レ止。詩云、緡蛮黄鳥、止二于丘隅一。子曰、於レ止知二其所一レ止。可二以レ人而不一レ如レ鳥乎。

詩云、穆穆文王、於緝熙敬止。為二人君一止二於仁一、為二人臣一止二於敬一、為二人子一止二於孝一、為二人父一止二於慈一、与二国人一交止二於信一。

H　詩：大雅文王之什文王篇。

１６　（至善に止まるの証）詩にいう、都の千里四方は、民が王の徳に心から従い集まり止まる所、と。詩にいう、さえずる黄鳥は、山の隅に止まる、と。孔子これを評していう、黄鳥は止まるべきところを知っている。人止まる所を知らず鳥に劣ることができようか、と。詩にいう、深みある奥ゆかしい文王は、やわらかな光のようなものがムラなく常に現れ、「敬」に止まっていた、と。

（記者の辞）このように、人君になっては民に「仁」に止まり、臣のときは職務の本分を勤める「敬」に止まる。文王が暴君の紂王に仕えたのは「敬」だ。子となりては「孝」に止まり、父となっては「慈」に止ま

詩[I]に云わく、邦畿千里、維れ民の止まる所、と。詩[J]に云わく、緡蛮たる[K]黄鳥は、丘隅に止まる、と。子曰く、止まるに於いて其の止まる所を知る。人を以てして鳥に如かざる可けんや、と。詩[L]に云わく、穆穆たる文王は、於、緝熙にして敬して止まる、と。人の君と為りては仁に止まり、人の臣と為りては敬に止まり、人の子と為りては孝に止まり、人の父と為りては慈に止まり、

I　詩：詩経商頌（しょうしょう）玄鳥（げんちょう）篇。
J　詩：詩経小雅緡蛮（めんばん）篇。
K　緡蛮：さえずる声を現した文字。
L　詩：詩経大雅文王之什（ぶんのうのじゅう）文王篇。

り、一般国民と交われば真実を尽くして「信」に止まる。これが、止まる場処。

17（論語顔淵篇）孔子いう、私が訴訟を裁く上では、多くの人と同じだが、強いて違う所をいえば、人々が訴訟をしなくていいようにしてみたい、と。

国人と交わりては信に止まる。

17　子曰、聴レ訟、吾猶レ人也。必也使レ無レ訟乎。無レ情者不レ得レ尽ニ其辞一。大畏ニ民志一。此謂レ知レ本。

子曰く、訟を聴くこと吾猶人のごときなり。必ずや訟無から使めんか、と。

情無き者は、其の辞を尽くすを得ず。大いに民の志を畏れしむ。此れを本を知ると謂う。

（記者の辞）喜怒哀楽の自然より来る言でなく、悪人が訴訟する時、情（まこと）本心を隠し粧い、偽り以て巧みに言い包めようとしても、辞を尽くしはっきりと弁ずることはできない。一般の人々の思うところ思惑を畏れかしこみそれに服従するようになると、自然に訴訟をしなくなるものだ。これを本（誠、情）を知るという。（訟を聴くものに仁義の誠なければ、下の者は虚偽をもって弁じ言いいたてるようになる。それに対して孔子の言は己の誠をもってすると人は心服し悪人は訴訟しなくなる。これが本を知るということ）

第三章　正心・修身・斉家・治国

18　所謂修レ身在レ正二其心一者、身有レ所二忿懥一、則不レ得二其正一。有レ所二恐懼一、則不レ得二其正一。有レ所二好楽一、則不レ得二其正一。有レ所二憂患一、則不レ得二其正一。心不レ在レ焉、視而不レ見、聴而不レ聞、食而不レ知二其味一。此謂二修レ身在一レ正二其心一。

所謂身を修むるには、其の心を正しくするに在りとは、身忿懥M する所有れば、則ち其の正しきを得ず、恐懼N する所有れば、則

M　忿懥：怒りの最も甚だしいもの。人の最も止め難きもの。

N　恐懼：一身が如何になるかと畏れ心配する事、こうなれば我心が自然

18　（正心を修身とつないで説明。誠意だけつなげないのは誠意が本だから。人間この形に生まれると意があって知覚運動がある。努力工夫はこの一意で足る。心身家は皆意中に含まれ心身は意中より小分けしているに過ぎない。故に二ヶ条ずつ綴り合わせ一物と示す）有形の身を修めるには無形の心を真直ぐに正し少しの歪みもないようにすべき。人は五体思うようにならず難儀し腹が立つ。怒りの情生じれば心は正しくならない。ただし怒ることが悪ではない、怒

るべき時に怒り、哀しむべき時に悲しみそれが済めば跡に留めない。身が畏れ心配すると、心が曲がり執着し不義に陥る。身が衣服飲食に名を求め利を好むと、心は楽に耽り欲に陥る。先の先までを心配すると、心乱れる。恐懼や憂患等情のため心が自然の正しさを得なければ、物を視ても見えず、声を聴いても聞こえず、飲食してもその味がわからない。だから、身を修めるには心を正しくするのだ。

ち其の正しきを得ず、好楽する所有れば、則ち其の正しきを得ず。憂患する所有れば、則ち其の正しきを得ず。心焉に在らざれば、視れども見えず聴けども聞こえず、食えども其の味を知らず。此れを身を修むるは其の心を正しくするに在りと謂う。

と曲がり、未練を生じ、不義に陥り正を得ぬ事となる。

○　好楽：楽は、願うという意味があり、好楽は、好きこのみ名声や利を願うこと。

　心を説明すれば、意の問題起こる。意の発する前に心があるはずがない。人にこの形があって、知覚運動するものが「意」だ。この「意」を引き包んでいるのが「心」。意は心の発という説より大間違いを生じ、心学と言って必ず心を捉えようとする誤った考えに陥る。意は知覚運動の始めだから、これより外に学問工夫を下す処はない。

　始めて動くは「意」。動けば善悪生ず。故に省察が大切。省察して善悪を見分けるは良知。

このように第一に「意」が発し、千変万化に応じて窮まらず、これをまとめて「心」という。「意」の前に「心」ありと思うべからず。意発して後に善悪あり、その悪を去って自然に従うのが「誠意」。誠意の工夫は自然を妨げる病を取り除くに過ぎない。忿懥恐懼等人にこの四情あるは当然で直にこれが悪ではない。この歪みを除くことだ。

19（斉家を修身と結び付け、人に対する上で説明）家を斉えるには、身を修めるにありとは、人は親愛に過ぎれば、その行為が偏り不公平になる。人が不正なら、賤しみ嫌い見下げ動作を悪く仕向け偏り辟する。平生畏れ入り敬う人には言うべきことあっても言わず辟す。かな

19 所謂斉二其家一在レ修二其身一者、人之三其所二親愛一而辟焉。之三其所二賤悪一而辟焉。之三其所二畏敬一而辟焉。之三其所二哀矜一而辟焉。之三其所二敖惰一而辟焉。

所謂(いわゆる)其(そ)の家(いえ)を斉(ととの)うるは其(そ)の身(み)を修(おさ)むるに在(あ)りとは、人(ひと)其(そ)の親愛(しんあい)する所(ところ)に之(お)いて辟(へき)す。P 其(そ)の賤悪(せんお)する所(ところ)に之(お)いて辟(へき)す。其(そ)の畏敬(いけい)する所(ところ)に之(お)いて辟(へき)す。其(そ)の哀矜(あいきょう)する所(ところ)に之(お)いて辟(へき)す。其(そ)の敖惰(ごうだ)Q する所(ところ)に之(お)いて辟(へき)す。

P　辟す：偏る。

Q　敖惰：敖はおごり。惰はおこたる。人を見下げる。

しみ哀れみ不憫に思えば、ひいきし外を顧みないで辟する。おごりおこたり人を見下げることで、無関心になり辟する。家より言い起し身に落とし、身を修めることは家を斉える根本。実行上工夫努力をする時は、向こうのものに応じて「意」の動く時、物に触れ感じる時に工夫努力を下す。「心」の場合、身に忿懥恐懼等ある時工夫努力を下す。「修身」の場合は人に交わる時、親愛賤悪の偏りないよう工夫努力を下す。

20　故に愛し好む人はその所作がよく見え、不善の点をわかる人は少ない。また、平生憎み嫌っている人に善いことあってもそれを理解し、偏りや不公平心がないといえる人は少ない。たい

20　故好而知㆓其悪㆒、悪而知㆓其美㆒者、天下鮮矣。故諺有㆑之、曰、人莫㆑知㆓其子之悪㆒、莫㆑知㆓其苗之碩㆒。此謂㆓身不㆑修不㆒㆑可㆔以斉㆓其家㆒。

故に好みて其の悪しきを知り、悪みて其の美を知る者は、天下に鮮なし。故に諺に之れ有り、曰く、人は其の子の悪しきを知る莫く、其の苗の碩いなるを知る莫し、と。此れを身修まらざれば以て其の家を斉う可からずと謂ふ。

21　所謂治㆑国必先斉㆓其家㆒者、其家不㆑可㆑教而能教㆑人者無㆑之。故君子不㆑出㆑家而成㆓教於国㆒。孝者所㆓以事㆒㆑君也。

てい人は好悪の一方に偏って、その他は見えない。だから、諺にいう、親はわが子の欠点をとかく知らず、人欲には限りがなく我田の苗が生長していてもまだ大きくならないと心配する、と。このように、身が偏りなく修まらなければ、家は斉わない、という。

21（これより治国章）国を治めるには必ず家を斉えるとは、上に立つ人が、自分の家族一族さえ治められずして、威厳だけで人を教えれば、人は一旦服しても、到底心服しないので長続きせず、わが家がよく斉い、教えが行き届けば、外は教えなくても自然に見倣うようになるものだということ。孝は君に事えるのと同じで、弟は目上の人に事

弟者所㆓以事㆒㆑長也。慈者所㆓以使㆒㆑衆也。康誥曰、如㆑保㆓赤子㆒、心誠求㆑之、雖㆑不㆑中不㆑遠矣。未㆑有㆓学㆑養㆑子而后嫁者㆒也。

所謂（いわゆる）国（くに）を治（おさ）むるには必（かなら）ず先（ま）ず其（そ）の家（いえ）を斉（ととの）うとは、其（そ）の家（いえ）教（おし）う可（べ）からずして、能（よ）く人（ひと）を教（おし）うる者（もの）は、之（こ）れ無（な）し。故（ゆえ）に君子（くんし）は家（いえ）を出（い）でずして、教（おしえ）を国（くに）に成（な）す。孝（こう）は君（きみ）に事（つか）うる所以（ゆえん）なり。弟（てい）は長（ちょう）に事（つか）うる所以（ゆえん）なり。慈（じ）は衆（しゅう）を使（つか）う所以（ゆえん）なり。

康誥（こうこう）に曰（いわ）く、赤子（せきし）を保（やす）んずるが如（ごと）くし、と。

心誠（こころまこと）に之（これ）を求（もと）むれば、中（あた）らずと雖（いえど）も遠（とお）からず。未（いま）だ子（こ）を養（やしな）う

えるのと同じ。滋は君主が民を愛すのと同じ。

康誥にいう「国を治めるには、母親が赤子を育てるようにしなさい」と。君主が、誠即ち本気で民が不憫でたまらぬという一念で政治を執ること。例、赤子は何も言えず子育ては困難なはずだが無事に成長するのは、母が子を思う一念の「誠」から子育ての念が出るから。結婚時、子を養うことを学んで結婚しない。でも、できるのは何々したいという一心の誠より起こるから。

22　一家内仁なら、直に一国仁を興す（興とは、各自とても何々したいので心集中させ物事をする一心より発し興すことで他からさせられることではな

ことを学びて后嫁ぐ者は有らざるなり。

22　一家仁、一国興レ仁、一家譲、一国興レ譲、一人貪戻、一国作レ乱、其機如レ此。此謂二一言僨レ事、一人定一レ国。

一家仁なれば、一国仁に興り、一家譲R なれば、一国譲に興る。一人貪戻S なれば、一国乱を作す。其の機T 此の如し。此れ一言事を僨り一人国を定むと謂う。

R　譲：譲る。自分だけむさぼり取るのではなく、相手に譲るようにすること。

S　貪戻：貪はむさぼる。戻はもとる、道理に反する。故に貪戻は、仁や譲の反対で道理に反して貪り取る事。

T　機：はじき弓の矢をとばすバネから、物事の起こるきっかけ、はずみ。そして、きざしをいう。

い）。一家譲なら一国譲を興す。上に立つ人が貪るなら一国乱をなす。一国の本は上の人の身にある。身の本は一念にある。一念発すれば直に民に響き著れる。そのしかけは、このようなことだ。これを、上の人の一言であっても禍の本となり国が破れ乱れたり、定まったりする、という。

23　（治国斉家を説くが根本の誠意よりくることを説く）堯舜が天下を導けば仁があるので、万民は従い仁心になる。桀紂が天下を率いれば、暴君なので民はこれに倣い自然と暴と化す。上の命令することが、好むものに反したら命令でも従わない。故に君子は命令することを、己の身に有して人にさせようと求めた。

23　堯舜率㆓天下㆒以㆑仁、而民従㆑之。桀紂率㆓天下㆒以㆑暴、而民従㆑之。其所㆑令反㆓其所㆒㆑好、而民不㆑従。是故君子有㆓諸己㆒、而后求㆓諸人㆒。無㆓諸己㆒、而后非㆓諸人㆒。所㆑蔵㆓乎身㆒不㆑恕、而能喩㆓之人㆒者、未㆓之有㆒也。故治㆑国在㆑斉㆓其家㆒。

堯舜天下を率いるに仁を以てして、民之に従えり。桀紂[U]天下を率いるに暴を以てして、民之に従えり。其の令する所其の好む所に反して、民従わず。是の故に君子は諸を己に有して、而

U　桀紂：桀は夏王朝最後の、紂は殷の最後の天子。共に暴君で滅ぼされた。

る。また、己に無くして後に人を叱ったり罰を与えたりする。

　体中に蔵（おさ）め置くものが誠なら自然に皆と一心のままになる。故に、人に教え諭すことができる。だから国を治めるには家を斉えるにありという。

　誠を蔵し自然に出てくるようにしておくことが修身正心誠意の処。我心にいやだと思うことは人にはせず我心に好めば人にも及ぼす、このような皆一心のままにするのを恕という。

（蔵字には、明徳を言い身心意を含み、恕字には親民を言い斉家治国平天下を含む）

２４（前章の言外の意を詩で補う）詩にいう、桃花のように美しい娘が嫁入りし夫婦仲良くし

る后諸を人に求め、諸を己に無くして、而る后諸を人に非る。身に蔵する所恕Vならずして而も能く諸を人に喩す者は、未だ之れ有らざるなり。故に国を治むるは其の家を斉うるに在り。

２４　詩云、桃之夭夭、其葉蓁蓁、之子于帰、宜二其家人一。宜其家人一、而后可三以教二国人一。詩云、宜レ兄宜レ弟。宜レ兄宜レ弟、而后可三以教二国人一。詩云、其儀不レ忒、正二是四国一。其為二父子兄弟一足レ法、而后民法レ之也。此謂二治レ国在一レ斉二其家一。

Ｖ　恕：我心いやだと思うことは人にもさせず、好むところは人にも及ぼすように皆一心のままにするのを恕という。

たらさぞ家内は治まり一族よく和するだろう。家内一族が治まってこそ、始めて国の人々を「教え」、国家をも「治める」ことができる、と。詩にいう、兄弟の間を睦まじくしてこそ、その後に民を「教える」ことができる、と。詩にいう、一国の重臣たる人が、礼儀に適い為すところが法に適っていると四方の国の人まで正す、と。このように、我家の夫婦親子兄弟の間が一々法に適い手本になる程なら、国民は皆手本とするようになる。これを、国を治めるにはその家を斉えるにありという。

詩に云わく、桃の夭夭たる、其の葉蓁蓁たり。之の子于に帰ぐ、其の家人に宜し、と。其の家人に宜しくして、而る后以て国人に教う可し。詩に云わく、兄に宜しく弟に宜し、と。兄に宜しく弟に宜しくして、而る后以て国人に教う可し。詩に云わく、其の儀忒わず、是の四国を正す、と。其の父子兄弟たること法るに足りて、而る后民之に法るなり。此を国を治むるは其の家を斉うるに在りと謂う。

この章は治国故重い。議論は理屈に流れるが、声に出し感嘆し、理屈外で主意を悟る工夫がここ。国を治めるには、まず自分がするのを見せて教えて、然る後治めるを順序とする。平天下の「政」（統一し治める）とともに会得すべき。

第四章　平天下は絜矩の道

一、絜矩の道

25（大学の核心つまり基本は誠意、末の広がった処が平天下。故に誠意章より貫いて見るべき。平天下は大きなことだが、その中で絜矩の道が大切で、これが財用の取扱と人の選用に行き着き大切。この二者は絜矩より来る。これが、絜矩を平天下の最初に挙げる理由。要するに平天下の絜矩の道は誠意正心より来るもので、誠意正心と治国平天下は前後一貫するもの。この意味を理解しなければ大学の書も役にたたない）上に立つ

25　所謂平ニ天下一、在レ治ニ其国一者、上老レ老、而民興レ孝。上長レ長、而民興レ弟。上恤レ孤、而民不レ倍。是以君子有ニ絜矩之道一也。

所謂天下を平らかにするには、其の国を治めるに在りとは、上老を老として民孝に興り、上長を長として民弟に興り、上孤を

人が、年老いた人や身寄りのない子を大切にすれば、その心は天子より庶人に至る。なぜなら世の中の人の心はみな同じ故。

26 （ここより絜矩の道。上下前後左右を比べ視る）上から自分の扱いを悪くされたら、これを基にして下にはしない、下にされ好まないことは、これを上にしない。このように上下同じ基準にする。先に立つ人の扱いが悪ければ、後ろの人へそんな扱いをしない。後ろより来る人の扱いが悪ければ、先の人へそのような扱いをしないで、前後同じ基準とする。左右の同列同僚の場合も同じようにする。これが、絜矩の道。そうすれば、天下の大事も自然に治まる。なぜなら、世間の人、体は異なっ

恤[W]みて民倍かず。是を以て君子に絜矩[X]の道[Y]有るなり。

26 所レ悪二於上一、毋二以使一レ下。所レ悪二於下一、毋二以事一レ上。所レ悪二於前一、毋二以先一レ後。所レ悪二於後一、毋二以従一レ前。所レ悪二於右一、毋二以交一レ左。所レ悪二於左一、毋二以交一レ右。此之謂二絜矩之道一。

上に悪む所、以て下を使う毋かれ。下に悪む所、以て上に事う毋かれ。前に悪む所、以て後に先んずる毋かれ。後に悪む

W 恤：あわれむ。
X 絜矩：絜は間縄で長さをはかる糸。矩は角度をはかる定規。
Y 絜矩の道：物事を正しく判断する基準。

ても心は同じだから。世の治乱は、この基準に合致しているか否かによる。ただ、誠意正心の本が立っていなければ不可能。心に一点の不正、少しの自分勝手あると、基準は曲がる。自由と自分勝手は大いにちがう。自由は絜矩の道で好悪を人々と同じにして、その楽をうけ幸せを共有すること。これが真の自由。自分の少しの自由のために他人の少しの自由を奪ってはならない。天下万民公正にし、厚薄愛憎の差をつけなければ、権力の圧政は要らない。一方にのみ正しくない不快をするから争乱おこるのだ。

27（詩を引用し絜矩の道を詠嘆し言外の意味を尽くす）詩にいう、人柄がおだやかで平生楽

所、以て前に従う母かれ。右に悪む所、以て左に交わる母かれ。左に悪む所、以て右に交わる母かれ。此を之れ絜矩の道と謂う。

27　詩云、楽只君子、民之父母。民之所レ好好レ之、民之所レ悪悪レ之。此之謂二民之父母一。

詩Zに云わく、楽しめる君子は民の父母、と。民の好む所之を

Z　詩：詩経小雅南山有台篇。

しんでいる君子は、天下の民を視ること父母のようだ。民の好むところは好み、悪むところは悪む。あたかも慈悲深い父母が我子が好むことを好み、嫌うことは嫌うのと同じように。（でも少しでも私が雑ざると、必ず人と争う。争って自分の思うようにならなければ、哀しんだり怒ったりする。これは楽しめる君子ではない。従って民の父母といえない。好悪の二つが人と同じようになりたければ、誠意の根本を立てるしかない。誠意より出てくるものでなければかえって争乱を増やす。）

28（この詩は、絜矩の道に反す人）詩にいう、切り立つ南山は、石が巌巌積み重なり恐く見える。縁者のみ挙げ用い私に流れる師

好み、民の悪む所之を悪む。此を之れ民の父母と謂う。

28 詩云、節彼南山、維石巌巌。赫赫師尹、民具爾瞻。有レ国者、不レ可二以不一レ慎。辟則為二天下僇一矣。

詩AAに云わく、節ABたる彼の南山、維れ石巌巌たり。赫赫たる師尹AC、民具に爾を瞻る、と。国を有つ者は、以て慎まざる

AA　詩：詩経小雅節南山篇。

AB　節：截（せつ）の意味。山が截（き）り立っている貌（かたち）。

AC　師尹：周の大師（天子を輔ける総理大臣）、尹氏のこと。政事を行うのに一己の私に流れ、縁者のみ挙げ用いた。周が栄えた時代は絜矩の道行われたが、衰えてからは、このように絜矩の道は廃れた。

尹を、怒りを隠しながら天下万民は目を付し見上げる、と。国を保つ人は一心の起こる所を大切に愼しまなければならない。絜矩の道に反し一念偏り不公平生じれば大乱となる。その罪で刑罰の辱めを受けるようになる。

29　（周の世で殷を手本とせよと教える詩）詩にいう、殷はなお大衆の心を失わず、よく上帝と並び立っている。これは、絜矩の道を行ったたから。宜しく殷を参考にすべき。天命を受けることはたやすいことではなく絜矩の道ある人には天より自然に授けられる。すると万民は帰服するようになる。人心を得れば、いつまでも天下は保たれ、人心を失えばすぐ国を失う。

（以上三詩絜矩の余意）

可からず。辟するは則ち天下の僇AD となる。

29　詩云、殷之未レ喪レ師、克配二上帝一。儀レ監二于殷一、峻命不レ易。

道二得レ衆則得レ国、失レ衆失一レ国。

詩に云わく、殷の未だ師を喪わず、克く上帝に配すAE。儀しく殷に鑑みるべし。峻命易からず、と。衆を得れば国を得、衆を失えば国を失うを道う。

AD　僇：刑罰。つみ。はずかしめ。

AE　上帝に配す：上帝は上天皇帝。中国信仰の最高神で、天子はこの上帝の命を受けたものとされている。革命とは、天子不徳でその命が革（あらた）まること。配はあう、ならぶ、たぐいの意味。上帝に配すとは、天子が上帝とならんで一体となり天意にそって政を行うこと。

二、財用の取扱

30　是故君子先慎㆓乎徳㆒。有㆑徳此有㆑人。有㆑人此有㆑土。有㆑土此有㆑財。有㆑財此有㆑用。

是の故に、君子は先ず徳を慎む。徳有れば此れ人有り。人有れば此れ土有り。土有れば此れ財有り。財有れば此れ用有り。

30　（天下治める天子・総理は、財の取扱と人の選用を務めるのが職務の本分。そこに不公正あれば天下大乱となる。財用は万民の苦楽で天子の重要事。大学の道を行う最重要事。絜矩の道に適うようにするしかない。だから）君子は、先ず徳を慎む。この徳に一点の私なければ、絜矩の道に適い天下は乱れない。徳有れば人間が出来てくる。人間出来れば土地や人、生産手段等治めることができる。それらを治められれば財は生じる。その財を上の人がどう運用するかだ。私腹を肥やしたりえこひいきして使ったりしていると、いずれ人々に見放され悪評を残す。

31（財用も、徳があって下を治める人がいて財用）徳は本で財は末。その徳の本は誠意。本とは樹木の根っこで末の枝葉とは離れられず、徳を慎み誠意が一寸できれば天下は一寸治まる。天下の事業も、誠意正心修身の本である内から段々と末である外の治国平天下へ押し出すことが大切。しかし、人心はとかく末の財用に心が動きやすい。このような政事をなせば、内に功利財用のみとなり誠意正心が皆外へ出て少しも内へ寄せ付けなくなる。すると、上の者が奪うように仕向けることになり、民は争奪を始め天下は治まらなくなる。

31　徳者本也。財者末也。外レ本内レ末、争レ民施レ奪。

徳は本なり。財は末なり。本を外にして末を内にすれば、民を争わしめて奪うことを施す。

32　（集散の二つを言って天下の平らかと平らかでないとを言い表す）財を一個所へ寄せ集めれば、民はちりちりばらばらになる（まとまらなくなる）。財を都合よく四方へ散じ上の人が無理しなければ民は利便を得て日に安んじ集まる。上の人の言が条理に反し無理な言い分をいうと、向こうからもその返答として無理を言ってくる。財宝も同様で、無理に取り込むと、人心は乱れ強訴が起きたり戦争が起きたりして天下大乱になり無理に人に取られる。これは、絜矩の道がないことで起こる事。絜矩により財用を制すれば、争も奪も起こるものではない。絜矩の根本は誠意即ち一念の動くところを誠にすること。

32　是故財聚則民散。財散則民聚。是故言悖而出者、亦悖而入。貨悖而入者、亦悖而出。

是故（このゆえ）に財聚（ざいあつ）まれば民散（たみさん）じ、財散（ざいさん）ずれば則（すなわ）ち民聚（たみあつ）まる。是故（このゆえ）に言悖（げんもと）り[AF]て出（い）ずる者（もの）は、亦悖（またもと）りて入（い）る。貨悖（かもと）りて入（い）る者（もの）は、亦（また）悖（もと）りて出（い）ず。

AF　悖る：もとる。そむく。さからう。たがう。みだす。

３３　（古語を引用）康誥篇にいう、君が天命を受けてもその天命が動かないことはない（権力はいつでも動く、運命は宿命でない）。善不善で決まる。善不善とは、財用の取扱が絜矩に適っているかどうかだ、と。楚国の書にいう、楚国は大切だが、国を大切とせず善を以て大切とする、と。いかに国を愛しても、善を失えば必ず国を失うことになる。（国の宝は善を宝とすることだ。徳を本とするように）。舅犯いう、国を追われた流浪の文公は国を得て宝とはせず、親族仲良く仁恩忘れないことを宝とする、と。（これら皆宝の字があるので引用したもの）

３３　康誥曰、惟命不㆑于㆑常。道㆓善則得㆑之、不善則失㆒㆑之矣。楚書曰、楚国無㆓以為㆒㆑宝、惟善以為㆑宝。舅犯曰、亡人無㆓以為㆒㆑宝、仁㆑親以為㆑宝。

康誥（こうこう）AGに曰（いわ）く、惟（こ）れ命常（めいつね）に于（お）いてせずと。善（ぜん）なれば則（すなわ）ち之（これ）を得（え）、不善（ふぜん）なれば則（すなわ）ち之（これ）を失（うしな）うを道（い）う。楚書（そしょ）AHに曰（いわ）く、楚国（そこく）は以（もっ）て宝（たから）と為（な）す無（な）く、惟善以（ただぜんもっ）て宝（たから）と為（な）すと。舅犯（きゅうはん）AIに曰（いわ）く、亡人（ぼうじん）は以（もっ）て宝（たから）と為（な）す無（な）く、親（しん）に仁（じん）するを以（もっ）て宝（たから）と為（な）すと。

ＡＧ　康誥：書経康誥篇。
ＡＨ　楚書：楚国の書。今はないが、大意は善を宝とするということ。
ＡＩ　舅犯：舅とはおじのこと。舅犯は、晋の文公の母方の叔父で、子犯。

三、人の選用

34 （ここからは人を選び用いることをいう。功により人を登用したり退けたりをいう。また、ここでは引用文の後に論述する。他の例は論述した後に文を引用している。秦誓とは、秦の穆（ぼく）公が人を用いるのに悪かったことを後悔し、国の人々に誓った文）秦誓にいう、ここに一人の臣下がいる。これといった取り柄もないが、心大きく度量が大きい。人が持っている特技は我身にあるのと同様にして一点の私も無い。大道に通じ義理に明るい人がいれば、心からそれを好き悦ぶ。ただ口に出すだけでなく、これを容れ心を同じく

34 秦誓曰、若有㆓一个臣㆒、断断兮[AJ]無㆓他技㆒。其心休休焉[AK]其如ㇾ有ㇾ容焉。人之有ㇾ技若㆓己有㆒ㇾ之。人之彦聖、其心好ㇾ之、不㆘啻若㆗自㆓其口㆒出㆖、寔能容ㇾ之、以能保㆓我子孫㆒。黎民尚亦有ㇾ利哉。

AJ　兮（けい）：助字。句間や句末に置いて語調を整える。訓読では読まない。

AK　焉（えん）：助字。文末に置かれ、訓読では読まないが、次のような語気を表す。㋐断定。㋑疑問・反語。

する。このような一人の臣を選び用いたなら、子孫まで安泰になる。また、すべての人々が恩恵を受ける。（この人には取り柄も才能もある。知恵、才能、徳有る人をみな引き付ける絜矩ある人だ。我才能を以て才能とせず、天下の才能を以て我才能とする人ということ）

秦誓(しんせい)AL に曰(いわ)く、若(も)し一个(いっか)の臣有(しんあ)らんに、断断(だんだん)AM として他技無(たぎな)く、其(そ)の心休休(こころきゅうきゅう)AN として、其(そ)れ容(い)るる有(あ)るが如(ごと)し。人(ひと)の技有(ぎあ)るは己(おのれ)之(こ)れ有(あ)るが若(ごと)くし、人(ひと)の彦聖(げんせい)AO なるは、其(そ)の心之(こころこれ)を好(よ)みす。啻(ただ)に AP 其(そ)の口(くち)より出(い)ずるが若(ごと)きのみならず、寔(まこと)に能(よ)く之(これ)を容(い)る。

AL　秦誓：秦の穆公が人を用いることの悪かったことを後悔し、国の人々に誓った実際の文。人を用いることを十分言い尽くし、よく絜矩の道に敵っている。
AM　断断：一徹。一つのことに専心するさま。
AN　休休：休には大の意味がある。心が大きいこと。
AO　彦聖：徳がりっぱなこと
AP　啻（ただに）：否定の不や、反語の何、奚などの下につけて「不啻…（ただに…のみならず）のように読み、単にそればかりではないという意味を表す。

35 （前と反対に絜矩に背く人）人に優れたところあっても、我身から出ていないので、妬み憎み遠ざけようとする。また、徳高く道理に通じた人を人々は好むが、自分は嫌い反対し、その人の言を拒み妨害する。心底から嫌う。このような人を用いたなら、子孫も国中の人も安泰でなく危うくなり災いを被る。こんな人は用いないことだ。

以上穆公の言。前者が絜矩に適う人で、後者が絜矩に適わない人。絜矩は我と人との間に偏り偏頗なく私無く、上下左右前後皆一様になること。即ち誠意。大学学ぶところはこのところ。誠意正心の努力工夫積んだ人ならできる。

36 （以下記者の書）仁人が上

以て能く我が子孫を保んず。黎民[AQ]尚う亦利有らんかな。

35 人之有レ技、媢疾以悪レ之。人之彦聖、而違レ之俾レ不レ通。寔不レ能レ容、以不レ能レ保二我子孫一、黎民亦日殆哉。

人の技有るは、媢疾[AR]して以て之を悪み、人の彦聖なるは、之に違いて通ぜざら俾む。寔に容るる能わず。以て我が子孫を保んずる能わず、黎民亦日に殆いかな。

AQ 黎民：衆民。民衆。
AR 媢疾：ねたむ。

にいたら、媢嫉の悪人は悪んで追放し、国外へ逐い国内には位置がないようにする。これを仁人のみ人をよく愛しよく人を悪むという。ただ、愛憎からくれば「私」だが意の一念からくれば「公」だ。公は、好色を好み悪臭を悪むというように、誠意よりくれば普通のことだ。誠意ある人でなければ見わけにくいかもしれない。

３６　唯仁人放二流之一、迸二諸四夷一、不三与同二中国一。此謂三唯仁人為二能愛レ人能悪一レ人。

唯仁人（ただじんじん）AS 之（これ）を放流（ほうりゅう）AT し、諸（これ）を四夷（しい）に迸（しりぞ）けて、与（とも）に中国（ちゅうごく）を同（おな）じうせず。此（これ）を唯仁人（ただじんじん）能（よ）く人（ひと）を愛（あい）し能（よ）く人（ひと）を悪（にく）むを為（な）すと謂（い）う。

AS　仁人：仁を狭義に解すと知、仁、勇の情け深いということになるが、広義に解すと中庸の誠に当たる。故に仁人は誠の人、本物の人と解す。知仁勇の三徳兼ね備えた人。

AT　放流：追放すること。

37　（前段の反面）賢者を見ても挙げ用いることができない。挙用しても自分より前きに立て委せることができない。これは命だ。時運未だ至らず等の止むを得ない事情があっての命だ。しかし、不善を見て退けることができない。退けても遠ざけることができないのは過ちだ。命を怠りと解す人もいる。それも納得できるが、深く捉えると命といえる場合もある。

38　不善を遠ざけることができないだけでなく、かえって悪人を好み賢人を悪み、好悪全く人と反する人がいる。人の性は、賢人を好み悪人を悪むものだが、このような人は人の性に悖るという。このような人には、災いが降りかかり身を安んずる

37　見レ賢而不レ能レ挙、挙而不レ能レ先、命也。見二不善一而不レ能レ退、退而不レ能レ遠過也。

賢を見て挙ぐる能わず、挙げて先んずる能わざるは命なり。不善を見て退くる能わず、退けて遠ざくる能わざるは過ちなり。

38　好二人之所一レ悪、悪二人之所一レ好。是謂レ払二人之性一。菑必逮二夫身一。

人の悪む所を好み、人の好む所を悪む。是を人の性に払ると謂う。菑必ず夫の身に逮ぶ。

ことができない。

39　是故、君子有㆓大道㆒、必忠信以得㆑之、驕泰以失㆑之。

是故に、君子に大道有り。必ず忠信以て之を得、驕泰以て之を失う。

39（終わりにまた人の用い方をいう。大本の誠意を承けたもの）天下を治める君子には、大なる道筋がある。それは絜矩の道だ。その道を得るには、必ず忠信以てする。忠信とは誠で、忠は自然に発して一点の「私」も「偽り」もないもの。それが外に現われ物に接して忠と少しも違わないのが「信」だ。これらをまとめていえば「誠」。天下の大道は、この「忠信」の「誠」から出てくるもの。だから、驕り、傲慢の「私」の態度で失う。人を用いるに、自然の誠からでるのと、一個の私よりでるのがある。絜矩ある君子は誠心より出て、よく賢を好み悪を退ける。小人は、私心（賄賂、私的関係、人脈、私的な好悪の感情等）に基づき不賢でも好み賢を退ける。

四、財用の取扱・まとめ

40　生レ財有二大道一。生レ之者衆、食レ之者寡、為レ之者疾、用レ之者舒、則財恒足矣。

財を生ずるに大道有り。之を生ずる者衆く、之を食らう者寡なく、之を為る者疾く之を用いる者舒やかなれば、則ち財恒に足る。

40　（天下の事で財用は重要。孟子の王道も財用を重視。一日も無くてはならないもので、天下治乱も財の乏と豊に由る。堯が舜に「四海困窮せば天禄永く終らん」と命じた。財用の取扱が悪ければ国を亡ぼす。自然の誠意よりでて財を積み国を富ませば王道。権謀術数を以て国を富ませば覇術。また、財用は取り扱う人を選ぶこと肝要。人悪ければ国滅ぶ。前の財用は、徳を主とした。ここは作用の上での財用。作用の説明で人心に落つ）財を生じるに、一家の利を謀る小道でなく大道大筋ある。農業等万の業で働いてつくるものを多くして、経費を少なくすれば財は生じる。財用を制するには、この大勘定を立てる。それには作用ある。その財は一人の為に生じるものでなく、万民の用をなすもので財。また、速く作りこれを用い尽くすのを伸ばすなど生産性をあげれば自然に財は足る。また、消費消耗してしまうものでも、財を生じることもあるなど小さな作用もある。このように、「生じる」と「食らう」、「為（つく）る」と「用いる」とを、いつも対照して総勘定を立て総会計し評価修正、メタ認知しなければならない。すると、様々な状況に応じて手をうてるので、財は常に足る。

以上の大筋が大道であり、大会計。一己の私をなすようではこの大会計は成し遂げられない。上の人私利を計れば民もまた私利を計る。

41　仁者以レ財発レ身、不仁者以レ身発レ財。未レ有二上好レ仁而下不レ好レ義者一也。未レ有二好レ義其事不レ終者一也。未レ有下府庫財非二其財一者上也。

仁者は財を以て身を発し、不仁者は身を以て財を発す。未だ上仁を好みて下義を好まざる者は有らざるなり。未だ義を好みて其の事終わらざる者は有らざるなり。未だ府庫の財、其の財に非ざる者は有らざるなり。

41　仁者は大道で財を生じ、生じた財は一己を利さず万民を利す。これで天下は栄え我が身は落ち着き安らぐ。不仁者は大道により財を生じることを知らず、我身を全くはめ込み無理に財を作ろうとあせり、遂には身を滅ぼすようになる。上に立つ人が仁を好み（義を務めば）、民は義を好む。「仁」は万物一体の仁で、「好む」は、誠からで全ての人々を我一身に感じること。これで、皆、それぞれの立場で一己の利を計らずワンチームとなり生き生きと生活に仕事に励むようになる。すると、何事も成就しないことはない。結果、財は上に集まり積もる。でもその財は天下の財だから民にあてる財。結局生じた財集まり積もった財は分配され循環を繰り返す。これ世を経（ととの）え民済（すく）う経済。

42 （大学の結末で財用の義をいう）魯の賢大夫孟獻子いう、士には禄あるのに、庶民が飼い生計をたてている鶏豚を飼い私利を貪ってはいけない。卿大夫（けいたいふ）も、民の職を奪うような牛羊は飼わない。領地ある卿大夫は、民から多く取り上げもっぱら御上のことだけ計る聚斂の臣を養わない。むしろ、上の財物を盗む盗臣の方が、かえって害がすくない。この聚斂はいかにも君に忠のように見えるが、財利の小臣は皆これに陥りかえって国を乱し滅亡させる。このように、絜矩の道、誠意で治めれば、それぞれの分限を大切にするので家国天下は皆ワンチームとなる。すると生き生きと生活し仕事もでき経済

42 孟獻子曰、畜二馬乗一、不レ察二於鶏豚一。伐冰之家、不レ畜二牛羊一。百乗之家、不レ畜二聚斂之臣一。与三其有二聚斂之臣一、寧有二盗臣一。此謂下国不二以レ利為一レ利、以レ義為上レ利也。

孟獻子（もうけんし）[AU]曰（いわ）く、馬乗（ばじょう）[AV]を畜（か）えば[AW]、鶏豚（けいとん）を察（さっ）せず。伐冰（ばっぴょう）[AX]の家（いえ）には牛羊（ぎゅうよう）を畜（か）わず。百乗（ひゃくじょう）の家（いえ）[AY]には聚斂（しゅうれん）の臣（しん）[AZ]を畜（やしな）わず。其（そ）の

AU 孟獻子：魯の賢大夫。人物高潔で後々まで称賛されている。
AV 馬乗：兵車に用いる馬。
AW 馬乗を畜う：四頭立ての車をもつ身ということで、秩禄ある士。
AX 伐冰：卿太夫以上の家老の分限。
AY 百乗の家：分けられた土地がある卿太夫。
AZ 聚斂の臣：民から多くを取り上げ上のためにだけ豊かにしようとする臣。

聚斂の臣有らんよりは寧ろ盗臣有れと。此を国は利を以て利と為さず、義を以て利と為すと謂うなり。

は好循環する。これを国は利を以て利と為さず、義を以て利と為すという。ただ利はなくてはならないものだが、国天下を治める人が自分或いはお気に入りの人だけを利そうと邪念を起こし、それを利と心得るのは間違い。利ではない。また、全ての人が好んで義の筋に従うのが義だ。道理に暗い匹夫匹婦が、一身一族のみを都合よくするを利と為したとしても、国の上に立ち権力ある人は、天下全体を都合よくしなければならない。このようにするには、義より外はない。義とは絜矩の道であり、それぞれを公平にいくようにする。相互に利を争うと乱れる。

43 （ここは孟獻子の反対の小人の害をいう）地方にあり、財用のみに目がつく政事がでれば、必ずそこには小人いる。小人とは地位、権力求める「私」がある人。事はりっぱでも一心は違い私欲に落ちている。君子は、人々が少しでも傷み悲しめば我が身に針でも立ったように感応し心配するもので「私」も「欲」も無い。

天下国を治める人が、小人を善として政を執らせると天災も人災も次々と起こる。善き君子政事家いても手のつけようがない。このように、利を以て利と為せば災害が並び起こり、孟獻子のように義を以て利となすべし。

43 長二国家一而務二財用一者、必自二小人一矣。彼為レ善レ之、小人之使レ為二国家一、菑害並至。雖レ有二善者一、亦無二如レ之何一矣。此謂下国不二以レ利為一レ利、以レ義為上レ利也。

国家に長として財用を務むるBA者は、必ず小人BBに自る。彼之を善くすると為して、小人をして国家を為め使むれば、災害並び至る。善者有りと雖も、亦之を如何ともする無し。此を国は利を以て利と為さず、義を以て利と為すと謂うなり。

BA　務：このことのみに目がいき、こればっかり気を寄せること。

BB　小人：意が誠でなく大人の反対。

文章全体で読解する

文章全体で読解する

方谷の「古本大学講義」の第一章句説明の冒頭で、

「文は一章一章で見るものもあり、一篇で見るものもある。論語は前者で、この『大学』は一篇で読む文だ」

と述べている。今日でも、論説文はこのように全体で読解すると理解しやすい。なぜなら、伝えたいことの要旨とその根拠等が明確になるからだ。そのためには段落同士の関係を構造化し、その関係を見るのが有効だ。更には、章句間の関係をみていくと、その意味がより鮮明になる。例えば。「古本大学」第二章の9章句で誠意とはどんなものなのか説明し、10章句では誠意の反対を小人を通して説明することで、より誠意の意味が解る。その上、そのあと三つの章句を使い、つまり曽子の言や詩経の二章句を引用し補説していることを知ると解り易い。このようなことを理解することで、読解は深まると私は考える。

そこで、『礼記』にあるままの『古本大学』全体を構造化し、古の聖賢が伝えたかった主旨を、脳のワーキングメモリの少ない私に合わせて理解できるよう試みた。それが、次の「古本大学要約の構造」だ。「古本大学」と「古本大学序」を繰り返し素読する時、「心で考え、意味を繰り返し尋ねる」には、全体の構造を捉えながら各一章句ずつの意味を尋ねることが、より正確で深い理解につながると考えた。

そのために、このような極端な要約をして構造化の試みをしたので一見して文意が不明確な所がある。だから、先の「古本大学」で大まかな理解あっての「要約の構造」だということをお断りしておく。

このようにしてみると、この『大学』の書は、方谷が講義したように「治国平天下を大主意とし、誠意をその根本とする」[A]ということが、分かりやすくなったと自分自身勝手に思っている。さらには、章句と章句の並び方、関係などが見やすく解りやすくなったと思う。このような自分用につくったものを皆様に披露することに躊躇はしたのだが、お一人でも読解し易く活用実用でき易いと思われる方がおられるなら、との思いで敢えて拙文稚文を著した。

なお、「古本大学序の構造」も併せて載せたが、章句数が少ないので細かく構造化していないが、段落相互や文と文の関係をみていった。

皆様と共に素読し、自らの本体に明らかにしたものを潜在意識に蓄積していけば活用実用の本となるのではないかと僭越ながら思う。皆様のお導きをお願いします。

A　平天下大主意、誠意根本：拙著『山田方谷述『古本大學』』の9章句説明文P82。

古本大学序の構造

第一章　大学のあらまし

1　大学の要は誠意。2　誠意の功は格物。3　誠意の極は止至善。止至善の則は致知。4　正心は其の体に復る。修身は其の用に著す。5　己に言えば之を明徳と謂い、人に言えば之を親民。天地の間に言えば則ち備われり。

《ここでは大学、明徳、親民、止至善、致知格物、誠意、正心、修身の名目の意味を説く。佐藤一斎はこの陽明序を読み千古不快の疑（うたがい）豁然（かつぜん）と解けりといった。方谷は大学の講義にはまず序を講じた》

第二章　古本大学の主意

6　至善は心の本体。動きて後に不善有り。本体の知未だ曾て知らずんばあらざるなり。7　意は其の動。物は其の事。其の本体の知を致して動かば不善なし。然るに其の事に就いて之を格すに非ざれば、則ち其の知を致す無し。8　故に致知は誠意の本、格物は致知の実。物格して則ち知を致して意を誠にするは以て其の本体に復る有り。是れを之れ至善に止まると謂う。

《ここからは各名目混ぜて説明。至善は心の本体で、それと格物致知や誠意との関係を説き、止至善に至る（本体に復る）主意を説く》

第三章　なぜ古本大学へ復るのか

9　聖人は人が外に求むるを懼れ辞を反覆す。旧本聖人の意亡う。10　意を誠にするに務めず物を格すは支。11　物を格さず意を誠にするは虚。12　知を致すに本づかず物を格し意を誠にするは妄。13　支と虚と妄は至善に遠。14　之に敬を益々綴け補って伝以て益々離れる。15　吾は学の日々に至善に遠ざかるを懼る。分章を去れ旧本に復り、傍らに釈を為し其の義を引く。16　庶幾し復りて聖人の心を見り之を求めるは、その要を有す。

《皆が幸せに生きるため外の理にのみ走らず、致知格物誠意の本を磨く大切さを、根拠を示し説く。また、正心章に居敬は要らず。格物致知の補伝も要らないので古本大学に復るを説く》

第四章　むすび

17　噫乃ち知を致す若きは、則ち心悟に存し、知を致して焉をか尽くさんか。

《良知を致すの説は外から仕向けることはできず、我が心が自ら悟るのみ。だから、言葉だけで理解しようとせず自らの経験、本体に照らし自得のことと詠嘆しながら説く》

古本大学要約の構造

第一章　三綱領六条目致知格物

１　明明徳。２　親民。３　明明徳・親民で止至善。４　止を知りて定静安慮で得。５　物の本末前後を知ると道に近し。６　天下に明明徳欲するなら治国・斉家・修身・正心・誠意・致知格物。７　６の順条目。８　天子より庶人まで修身が本。此本を知る、知の至りという。

《１・２で三綱領を説き、３は１・２の明徳親民の君なら仁に、子なら孝に等至善に止まり動かないを説く。４～８で致知格物を説く。その中で４・５はどちらかといえば致知で、６・７は格物。８で天子より庶人までの致知格物が出来上がったもの》

第二章　誠意

９　誠意は自ら欺く毋き也。此を自謙と謂う。故に君子は慎独す。１０　９の反対で小人閑居して不善なす。１１　曽子の言、君子は意を誠に。１２　詩、淇の澳に菉竹猗猗、有斐の君子は切磋琢磨、終に諠る可からず。１３　１２の詩に付け足し、前王忘れられず、と。１４　明徳の証、１５　親民の証。１６　止至善の証。１７　子曰、訟を聴くこと吾人のごときなり。

《９で誠意を説く。君子は独を慎む。１０は９の反で小人は独を慎めないを説き９の意味を明確化。１１・１２・１３で曽子の言や詩を引用し誠意を十分補説す。１４・１５・１６で三綱領の証拠を挙げ、１７で孔子の語引用し明徳誠意の大根本を示す。上の人に仁義の誠なければ下の者は虚偽以て対する、即ち己の誠で人は心服する。これが本を知るということ。》

第三章　正心・修身・斉家・治国

１８　正心修身。１９　修身斉家。２０　修身斉家。２１　斉家治国。２２　一家仁なれば一国仁に興り譲なら譲に興る。　２３　堯舜天下率いるに仁以てして民之に従えり。２４　詩にいう桃の夭夭、子于に歸ぐ。家人に宜しく而る后国人に教う可。

《１８からは正心と修身など二つの条目を鎖でつながる如く結び付け説く。誠意を結び付けないないのは誠意が本だから。身を修めるには心を正すをいう。１８までは我身のことをいい、１９からは皆人に対する上でのことを説く。１９で家斉えるには辟しやすい身を修めるをいい２０で修身斉家を補説。２１からは治国章。大学の大主意は治国平天下故に大切。これまでは本の意念をこれよりは大主意国治めるをいう。君子は家教えることができてその教えを国に成す。康誥赤子を保んずる如く。２２で家と国の関係を繰り返し説き、２３で斉家治国は本の誠意から興ってくることを説く。２４で三つの詩引用し家内治まってこそ始めて国の人々教え国家をも治めることできることをいう。》

第四章　平天下は絜矩の道

絜矩の道

２５　平天下には絜矩の道有り。２６　絜矩の道とは人にいやなことされたら、それを規準に人にしないこと。なぜなら人の心は同じだから。世の中の治乱はこの規準に合致しているか否かだ。２７　詩で絜矩を詠嘆。楽しめる君子は民の父母。28　詩で反絜矩の道。節たる彼の南山。辟するは天下の僇。29
詩で絜矩補説。殷未だ師を喪わず衆得れば国得、失えば国失う。
《ここから平天下。大学の基本は誠意で末は平天下。故に誠意章より貫いて見るべき。平天下で大切は
絜矩の道、それが財用の取扱と人の選用に行き着くもの。25・26で絜矩の道説き、27・28・29で
詩引用し絜矩の道補説。》

財用の取扱

30　君子徳慎むと財有り。31　徳本で財末。32　財聚れば民散す。33　康誥、楚書、舅犯の古
語で宝をいう。
《民の苦楽は2トップの重要事・義で財用と人選が職務本分。明徳に私なく意の動く処慎めば絜矩の道
適い人ができ、生産手段等治め財生じ、その財を皆に運用すれば皆活潑潑地となり更に財生じ循環し発展。
30・31・32財を徳で説き33で古語で補説》

人の選用

34　度量ある絜矩の人選。35　反度量の反絜矩媢嫉の人選。36　仁人能く悪を放流し迸ける。
37　賢見て挙ぐる能わずは命。不善遠ざくる能わざるは過ち。38　人の悪む所好み人と反すと菑身に
逮ぶ。39　君子に大道有り、即ち絜矩の道。忠信以て得。即ち誠。

《ここから人の選用。他文体は論述後に書や詩を引用しているが、ここはまず34・35で秦誓の語引用。36から記者の言。上の仁人は娼嫉を退ける。37は36の反面。38で一層進めていい、好悪人に反すと菑逮ぶをいい、39でまた人の用い方をいう。上に立つ君子には大いなる道筋大道あるをいう。大道は誠。誠は忠信。絜矩ある君子大道は私でなく誠意絜矩より出る》

財用の取扱・まとめ

40　財生ずるに大道有り之生ず者衆く食らう者寡なくし、疾く為り舒やかに用いれば財足る。41　仁者大道で財生じ万民を利す。42　民の利貪らず利以て利と為さず義絜矩の道以て利と為す。43　財用政事は小人で菑害。利以て利と為さず義以て利と為す。

《天下の事は財用と財用取扱う人選重要。故にまとめとして政事の根本いう。前の財は徳で説き、ここは財の作用を詳しくいう。40・41で財生ず大道をいいその効験で下義を好み天下一体となることをいう。42の財の義で終結し43でその反の小人の害を説き42を明確にする》

主な引用及び参考文献

『山田方谷全集』　（山田準編集　山田方谷全集刊行會　明徳出版社）

『伝習録』新釈漢文大系　（近藤康信　明治書院）

『知能教育入門』　（J・P・ギルフォード　英才教育情報センター）

『間違いだらけの学習論』　（西林克彦　新曜社）

『現代アメリカにおける学力形成論の展開』　（石井英真　東信堂）

『人を伸ばす力』　（エドワード・L・デシ、リチャード・フラスト　桜井茂男訳　新曜社）

『どう生きるか、山田方谷の生き方と『古本大學』に学ぶ』　（池田弘満　明徳出版社）

『山田方谷述　『古本大學』』　（池田弘満　明徳出版社）

『論語・易経・伝習録・孟子・大学・中庸に生き方を学ぶ』　（池田弘満　廣文館・南南社）

令和三年九月十日　印刷

おわりに

高原の日陰で、木々の緑と空の青、そして白い雲に時折目をうつしながら、拙稿を推敲しています。これが印刷された後、繰り返し読まれお一人の方にでもお役に立てれば幸いです。私のまとめ方は稚拙ですが、もとは山田方谷の講義録なので中身はお役に立つと思います。ぜひ、時間を都合つけて素読を共に続けていきましょう。できれば既著『山田方谷述『古本大學』』『どう生きるか、山田方谷の生き方と『古本大學』に学ぶ』と共に読んでいただければより山田方谷の思いが伝わると思います。皆様のお導きをお願いします。

最後になりましたが、稚拙な文章を丁寧に編集していただいた明徳出版社の向井徹編集員様に、心より感謝を申し上げ筆をおきます。

池田弘満（いけだひろみち）

昭和 26 年広島県生まれ。

元学校長・元論語普及会副会長。永年小学校教員として奉職。法規・法令に基づき、その学習指導要領に示された目標、内容の実現のため、他職員とともに、知的能力や道理、数学的な考え方、個に応じた指導等について実践研究し定年で退く。

一方、功成し感動した英俊雄傑の足跡を訪ね各地を訪れる。そして、それらの人物が学んだ経学の学びに広げ、現代のマネジメントや心理学、脳科学所見と重なる部分多きに驚き更に学ぶ。現在は、これまでを振り返り、偉人や古典の重みを多くの人々と共に味わいながら温故知新の感謝の日々である。

著書：『論語・易経・伝習録・孟子・大學・中庸に生き方を学ぶ』『山田方谷述『古本大學』』『どう生きるか、山田方谷の生き方と『古本大學』に学ぶ』

ISBN978-4-89619-302-2

山田方谷述素読用古本大学

令和三年九月十日　初版印刷
令和三年九月十二日　初版発行

著者　池田弘満
発行者　佐久間保行
発行所　㈱明徳出版社
〒167-0052　東京都杉並区南荻窪一－二五－三
電話　〇三－三三三三－六二四七
振替　〇〇一九〇－七－五八六三四

池田弘満著

どう生きるか、山田方谷の生き方と『古本大學』に学ぶ

A5判並製二〇二頁
定価二二〇〇円
（本体二〇〇〇円＋税一〇％）

山田方谷述『古本大學』

A5判並製二一九頁
定価二二〇〇円
（本体二〇〇〇円＋税一〇％）

山田方谷　関係書

書名	体裁	著者	価格
山田方谷全集　全三冊	A五判上製函入二四二二頁	山田　準	六六、〇〇〇円
山田方谷の詩―その全訳	A五判上製函入一一八四頁	宮原　信	一六、五〇〇円
山田方谷の文―方谷遺文訳解	A五判上製六二二頁	濱　久雄	八、二五〇円
日本の思想家41　山田方谷・三島中洲	四六判カバー装二九四頁	山田　琢／石川梅次郎	二、六七〇円
山田方谷から三島中洲へ	A五判上製三六〇頁	松川健二	五、五〇〇円
山田方谷の陽明学と教育理念の展開	A五判上製五一〇頁	倉田和四生	八、八〇〇円
山田方谷の思想と藩政改革	A五判上製三一〇頁	樋口公啓	三、三〇〇円
哲人　山田方谷―その人と詩	新書判一八四頁	宮原　信	一、一〇〇円

表示価格は税込（本体価格＋税10％）です。

山田方谷　関係書

炎の陽明学　山田方谷伝
A五判上製四四三頁
矢吹　邦彦
三、六三〇円

ケインズに先駆けた日本人
A五判上製三九三頁
矢吹　邦彦
三、〇八〇円

入門　山田方谷 ― 至誠の人
A五判並製一七〇頁
山田方谷に学ぶ会
一、四〇八円

『師門問弁録』を読む
A五判並製一八六頁
渡辺　道夫
網本　善光
一、九八〇円

夢を駆けぬけた飛龍　山田方谷
文庫判並製四三九頁
野島　透
八八〇円

山田方谷ゆかりの群像
B六判上製二一四頁
野島　透
片山　純一
一、九八〇円

山田方谷の思想を巡って
B六判並製二九四頁
林田　明大
二、七五〇円

陽明学のすすめ III
四六判上製二〇四頁
深澤　賢治
一、九八〇円